어린이 삼국유사 ③

어린이 삼국유사 편찬위원회 글 | 한창수 그림
한국역사연구회 추천 및 감수

주니어김영사

머리말

《어린이 삼국유사》를 읽는 어린이들에게

자랑스러운 민족 문화를 깨닫는 첫걸음

 우리가 조상들의 삶을 알 수 있는 것은 우리에게 남아 있는 유물과 유적을 보고서 가능하지요. 그 중에서도 글로 남아 있는 책은 정말 소중한 역사 유물입니다.

우리나라 역사에 관심을 갖게 되면, 조상들이 훌륭한 민족 문화를 지켜 온 것에 대해 저절로 자랑스러운 마음이 생기고 뿌듯해진답니다. 만일 조상이 잘못한 점을 발견하게 되더라도, 우리는 다시 그런 잘못을 되풀이하지 않도록 조심하면 됩니다.

이러한 점에서 이번에 새롭게 엮은 《어린이 삼국유사》는 어린이들이 우리 역사에 관심을 가질 수 있도록 알기 쉽게 꾸몄어요. 《어린이 삼국유사》는 고구려, 백제, 신라 때에 일어났던 일을 중심으로 엮은 거예요.

《어린이 삼국유사》를 통해서 삼국 시대 사람들이 어떻게 살았고, 무슨 생각을 했는가를 알게 될 거예요. 그것이 바로 우리의 자랑스러운 민족 문화를 깨닫는 첫걸음입니다. 아울러 우리의 역사를 이해하면서 우리의 마음과 눈은 좀 더 넓어지고 깊어질 겁니다.

어린이 삼국유사 편찬위원회

인물의 삶으로 읽는 역사의 큰 흐름

　우리는 현재를 살고 있으며, 마땅히 현재에 충실한 삶을 가꿔야 합니다. 그런데 현재는 홀로 존재하는 것이 아니라, 과거와 떼려야 뗄 수 없는 밀접한 관계입니다. 따라서 과거, 즉 역사를 알아야 비로소 현재를 온전하게 살아갈 수 있어요. 그런데 역사를 따분하고 어렵게 생각하는 어린이들이 많아서 우리나라 역사에 대해 제대로 알지 못하는 어린이들이 많아요.

　이번에 주니어김영사에서 출간한 '처음 읽는 우리 역사' 시리즈는 주요 역사서를 기본 토대로 인물 중심으로 역사를 구성했어요. 인물을 중심으로 한 구성은 인물의 삶에 동화되어 역사의 흐름을 실감나게 느끼도록 해 주지요. 게다가 인물의 삶에 드러난 역사의 흐름을 조목조목 짚어 주어, 어린이들도 쉽게 역사적인 사실을 알 수 있습니다.

　어린이들이 이 시리즈를 통해 역사에 더욱 가까이 다가가고, 그로 인해 모든 사람들의 노력이 결실을 맺으리라 믿습니다.

한국역사연구회

 **차례** 어린이 삼국유사 3

불교를 크게 일으킨 사람들

- **삼국유사에 대하여** _8

불교를 위해 목숨을 바친 이차돈
  불교를 믿는 것에 반대하는 신하들 _10
  목숨을 바친 이차돈 _14

용을 항복시킨 혜통
  무외를 섬기다 _22
  무외의 가르침을 받다 _24
  당나라 공주의 병을 고치다 _27
  용과 싸우는 콩 군사들 _31
  앙갚음을 하러 신라로 온 용 _35
  용 때문에 죽음을 당한 정공 _38

신통력을 지닌 혜공
  주인의 병을 고친 우조 _46
  우조가 지닌 신기한 힘 _50
  술 취해 춤추는 스님 _54

세속 오계를 일러 준 원광
어려서부터 학문을 갈고 닦다 _60
탑이 불길에 휩싸이다 _63
신라로 돌아오다 _66
원광을 찾아온 산신령 _67
세속 오계를 일러 주다 _73

귀신을 물리친 밀본
선덕 여왕의 병을 고치다 _78
귀신을 내쫓다 _82
신통력으로 인혜를 혼내 주다 _84

불교를 널리 알린 원효
밤나무 밑에서 태어나다 _88
내 마음이 곧 불법이로구나! _92
요석 공주와 결혼하다 _96

나라를 구한 의상
당나라로 가다 _102
지엄에게 배우다 _105
나라를 구하러 돌아오다 _107

《도솔가》를 지은 월명
하늘에 해가 둘이 뜨다 _110
향가를 짓다 _115

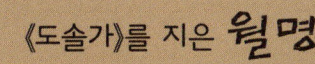

하나, 《삼국유사》는 어떻게 만들어졌나요?
둘, 《삼국유사》의 구성은 어떻게 되어 있나요?
셋, 《삼국유사》는 《삼국사기》와 어떻게 다른가요?
넷, 《삼국유사》를 쓴 일연은 누구일까요?
다섯, 《삼국유사》를 통해 우리는 무엇을 알 수 있나요?

셋, 《삼국유사》는 《삼국사기》와 어떻게 다른가요?

《삼국유사》와 《삼국사기》는 고려 때 지어진 역사책으로, 둘 다 우리나라 고대 역사를 다루고 있어요. 하지만 두 책은 여러 가지 차이점이 있어요.

《삼국사기》는 왕의 명령에 따라 나라에서 만들었어요. 그에 비해 《삼국유사》는 '일연'이라는 개인이 쓴 역사책으로, 지은이의 생각이 많이 담겨 있어요.

나라에서 만드는 역사책은 책을 만드는 원칙을 정하고 거기에 맞추어 필요한 자료를 모아 형식을 갖춘 문장으로 써 나가지요. 그리고 혼자서 하는 작업이 아니기 때문에 한 개인의 생각을 담을 수 없고, 그 당시 나라를 다스리던 사람들의 생각이 주로 담겨 있게 되지요. 《삼국사기》는 보통 김부식이 지은 것으로 알려져 있지만, 김부식은 책임 편찬자이고, 11명의 사관이 함께 만들었어요.

《삼국유사》와 《삼국사기》에 담긴 내용도 성격이 조금 달라요.

《삼국사기》는 왕이나 나라와 관련한 일들을 주로 기록한 정사예요. 그러나 《삼국유사》를 쓴 일연은 스님이었기 때문에 불교나 우리나라의 전통 신앙과 관련한 신비한 일들도 많이 기록했어요.

《삼국유사》라는 이름도 《삼국사기》에서 빠진 이야기들을 써 넣는다는 의미가 있어요. 전설이나 세간에 떠도는 역사적 사건, 신기한 일 등은 정사에 넣기는 어렵지만 종교와 신앙의 눈으로 보면 받아들일 수 있지요.

이러한 여러 가지 이유로 《삼국유사》와 《삼국사기》는 둘 다 우리나라 고대사를 다루었지만 큰 차이를 보이게 된 것이지요.

전쟁이나 여러 사건 등으로 우리나라 고대사를 다룬 자료들이 대부분 사라진 것은 너무 안타까운 일이에요. 그러므로 우리에게 남아 있는 《삼국유사》와 《삼국사기》는 어느 책이 더 좋다거나 나쁘다거나 하는 비교의 대상이 아니에요. 《삼국유사》와 《삼국사기》는 서로 부족한 것을 보충해서 우리에게 우리나라 고대사의 진실을 알게 하는 고마운 책이에요.

불교를 위해 목숨을 바친
이차돈

"누구에게나 목숨은 소중한 것입니다. 하지만 제가 저녁에 죽어, 아침에 부처님의 은혜가 온 세상에 골고루 퍼진다면, 얼마나 기쁜 일이겠습니까? 저는 이미 결심했습니다."

❋ 불교를 믿는 것에 반대하는 신하들

신라 제23대 법흥왕 때 일입니다.

그 무렵에 신라에는 불교를 믿는 사람들이 점점 늘어났습니다. 하지만 나라에서는 불교를 믿는 것을 법으로 금지하고 있었습니다.

일찍부터 불교를 믿었던 법흥왕은 나라를 잘 다스리려면 불교를 크게 일으켜야 한다고 생각했습니다.

어느 날 법흥왕은 신하들에게 명령을 내렸습니다.

"살기 좋은 나라를 만들려면 불교를 믿어야 하오. 이제부터는 모두 불교를 믿고, 절을 많이 세우도록 하시오."

하지만 신하들은 법흥왕의 명령에 반대했습니다.

"불교는 사람의 마음을 흐리게 하고 속이는 것이라 합니다. 불교를 믿으라니, 안 될 말씀입니다."

"그렇습니다. 불교를 물리치셔야 합니다."

"절을 세우라는 말씀을 거두어 주십시오."

신하들은 입을 모아 법흥왕에게 말했습니다.

법흥왕은 반대하는 신하들에게 부드러운 목소리로 말했습니다.

"내가 불교를 일으키고 절을 세우려 하는 것은, 백성을 위해 복을 빌고 백성의 죄를 없애고자 함이오. 그러니 그대들은 내 뜻을 따라 주기 바라오."

법흥왕이 간절히 말했지만, 신하들은 따르려 하지 않았습니다.

법흥왕 앞에서 물러나온 신하들은 불만을 늘어놓았습니다.

"불교를 믿으라니, 말도 안 됩니다."

"그렇고말고요. 게다가 절을 세우라니, 도저히 있을 수 없는 일이지요."

그 때까지 신하들은 대부분 신라 고유의 토속신을 믿었습

니다. 아무도 법흥왕의 뜻에 따라 불교를 믿으려 하지 않았습니다.

　신하들의 반대가 심하자, 법흥왕은 신하들이 모인 자리에서 한숨을 쉬며 슬퍼했습니다.

"아! 나는 덕이 없는 사람이오. 부족한 사람이 임금의 자리에 앉아 있으니, 백성들을 위하는 일조차 할 수가 없구려."

❈ 목숨을 바친 이차돈

　그 때 신라에 이차돈이라는 신하가 있었습니다.

　이차돈은 성은 박씨이고 자(본이름 외에 부르는 이름)는 염촉으로, 나이는 22세였습니다.

　불교에 대한 믿음이 깊었던 이차돈은 법흥왕의 마음을 헤아렸습니다. 이차돈은 목숨을 바쳐서라도 사람들에게 불교를 믿도록 하고 싶었습니다.

　이차돈은 법흥왕 앞에 나아가 허리를 굽히고 공손히 말했습니다.

　"조용히 드릴 말씀이 있습니다."

　법흥왕은 신하들을 물러가게 한 뒤, 이차돈에게 물었습니다.

　"조용히 하고 싶다는 말이 무엇이냐?"

　"저의 목을 베시어 임금님의 명령이 엄함을 모든 신하에게 보이십시오. 절을 지으라는 임금님의 명령을 어긴 죄를 저에게 씌우시어 저의 목을 베신다면, 신하들도 임금님의 뜻을 따를 것입니다."

이차돈은 차분한 목소리로 말했습니다.

"너의 충성스러운 마음은 알겠다. 그러나 죄 없는 너를 죽일 수는 없다."

법흥왕은 이차돈에게 말했습니다. 그러나 이차돈은 거듭 주장했습니다.

"나라를 위하여 몸을 바치는 것은 신하로서 마땅히 해야 할 일입니다. 또한 임금을 위하여 목숨을 바치는 일도 백성이면 누구나 할 도리입니다. 임금님의 명령을 따르지 않았다고 하여 제 목을 베신다면, 모든 사람이 임금님 앞에 무릎을 꿇고, 감히 명령을 어기지 못할 것입니다."

"네 뜻은 충분히 알겠다. 하지만 내가 불교를 일으키려 하는 것은 사람을 이롭게 하고자 함인데, 어찌 죄 없는 너를 죽일 수 있겠느냐?"

법흥왕은 이차돈에게 말했습니다. 그러나 이차돈은 뜻을 굽히지 않았습니다.

"누구에게나 목숨은 소중한 것입니다. 하지만 제가 저녁에

죽어, 아침에 부처님의 은혜가 온 세상에 골고루 퍼진다면, 얼마나 기쁜 일이겠습니까? 저는 이미 결심했습니다."

법흥왕은 결국 이차돈의 뜻을 받아들이기로 했습니다.

"네 마음은 정말 칭찬할 만하구나! 네가 목숨을 바쳐 불교를 일으킬 수 있다면, 그것은 정말 장한 일이다."

법흥왕은 신하들을 불러 다시 의논했습니다.

"불교를 받아들여 나라의 근본으로 삼고, 절을 지어 백성들이 그 곳에서 복을 빌고 죄를 없애도록 하는 것이 좋을 듯하오. 그대들의 생각은 어떻소?"

"아니 됩니다. 중들은 머리를 깎고 이상한 옷을 입고 있습니다. 뿐만 아니라 거짓으로 사람을 속이고 있으니, 이대로 내버려 두신다면 앞으로 큰일이 일어날 것입니다."

"맞습니다. 불교를 받아들이고 절을 세운다는 것은 옳지 않은 일입니다. 말씀을 거두어 주십시오."

그러자 법흥왕은 노여운 얼굴로 신하들을 꾸짖었습니다.

"그대들은 어찌하여 내 말을 따르지 않고 반대만 하오? 앞으로는 임금의 명령을 따르지 않는 자는 누구든 용서하지 않을 것이오."

법흥왕이 엄하게 말하자 신하들은 두려움에 떨었습니다.

잠시 뒤, 법흥왕은 미리 약속한 대로 이차돈을 향해 목소리를 높였습니다.

"내가 절을 지으려 하는데, 너는 일부러 어물어물하여 늦췄

으므로, 임금의 명령을 어긴 죄가 크다."

법흥왕은 이차돈의 목을 베라는 명령을 내렸습니다. 신하들은 고개도 들지 못하고 벌벌 떨었습니다.

마침내 이차돈은 죽음을 당하게 되었습니다. 그러나 이차돈은 조금도 두려워하지 않았습니다. 오히려 죽음을 기쁘게 여기는 듯했습니다.

이차돈은 죽기 전에 말했습니다.

"나는 불교를 위하여 죽는 것이니, 내가 죽은 뒤에는 반드시 이상한 일이 일어날 것이오."

이차돈의 목을 베자, 정말로 신기한 일들이 벌어졌습니다. 이차돈의 목에서는 붉은 피 대신 흰 젖이 하늘 높이 솟구쳤습니다. 그러고는 하늘이 갑자기 캄캄해지면서 땅이 심하게 흔들렸습니다. 하늘에서는 빗방울이 후드득 떨어졌습니다. 또 샘물이 갑자기 말라 물고기들이 펄쩍펄쩍 뛰어올랐습니다.

법흥왕은 이차돈의 죽음을 매우 슬퍼하며 눈물을 흘렸습니다.

불교를 받아들이는 것에 반대하던 신하들도 이차돈의 뜻을 알고는 죽음을 슬퍼했습니다.

사람들은 이차돈을 북망산 서쪽 고개에 장사 지내고, '자추

사'라는 절을 지어 위로했습니다.

 그 뒤 신라에서는 불교를 정식으로 인정하고, 모든 사람들이 부처님의 가르침을 따르게 되었습니다.

용을 항복시킨
혜통

혜통은 무외의 가르침을 열심히 배웠습니다. 머지않아 혜통은 덕이 높고 신통력(무슨 일이든지 해낼 수 있는 신비한 힘이나 능력으로, 불교에서는 수행을 통해 얻을 수 있다고 함)이 뛰어난 스님이 되었습니다.

❋ 무외를 섬기다

신라 때 '혜통'이라는 스님이 있었습니다.

혜통은 부처님의 가르침을 배우기 위해 중국 당나라로 건너갔습니다. 당나라에는 인도에서 온 '무외'라는 훌륭한 스님이 있었기 때문입니다.

당나라로 간 혜통은 무외를 찾아갔습니다.

"스님께 배우고자 신라에서 찾아왔습니다. 부디 가르침을 주십시오."

하지만 무외는 혜통을 거들떠보지도 않았습니다. 혜통은 다시 말했습니다.

"스님, 멀리서 온 저에게 부디 부처님의 말씀을 가르쳐 주십시오."

혜통이 간절히 말하자, 무외는 마지못해 한 마디 했습니다.

"동쪽 오랑캐 나라에서 온 사람이 어찌 부처님의 가르침을 깨달을 수 있겠는가?"

혜통은 물러서지 않았습니다.

"저는 스님의 가르침을 받고자 멀리서 왔습니다. 스님께서 가르쳐 주시기 전에는 물러가지 않겠습니다."

그 뒤 혜통은 무외를 열심히 섬겼습니다.

혜통이 무외를 섬긴 지 3년이 되었습니다. 하지만 무외는 혜통에게 여전히 아무것도 가르쳐 주지 않았습니다.

시간이 흐를수록 혜통은 분하고 애가 탔습니다. 멀고 먼 나라까지 찾아와 3년 동안이나 기다렸는데, 아무것도 가르쳐 주지 않는 무애가 원망스러웠습니다.

무외의 가르침을 받다

어느 날 혜통은 시뻘건 숯불이 담긴 화로를 들고 무외가 있는 방 앞으로 갔습니다.

"스님, 제가 스님의 가르침을 받고자 이 곳에 온 지도 벌써 3년이 지났습니다. 그러나 저는 아무것도 배운 것이 없습니다. 이제 저에게도 부처님의 말씀을 가르쳐 주십시오."

혜통은 뜰에 서서 간절히 말했습니다. 그러나 무외는 끝내 허락하지 않았습니다.

혜통은 굳은 결심을 하고 화로를 머리에 얹었습니다.

조금 뒤, 천둥이 치는 듯한 소리가 들렸습니다. 화로를 이고 있는 혜통의 정수리가 터지면서 나는 소리였습니다. 사람들은 모두 깜짝 놀랐습니다.

무외도 이 소리를 듣고 밖으로 뛰쳐나왔습니다.

하지만 혜통은 화로를 머리에 인 채로 꼼짝도 하지 않았습니다.

무외는 혜통의 머리에서 화로를 내렸습니다. 그러고는 혜통의 정수리를 손가락으로 어루만지며 주문을 외웠습니다. 그

러자 신기하게도 혜통의 머리에 났던 상처가 아물어 전처럼 되었습니다.

"정말 다행입니다. 하마터면 큰일날 뻔했습니다."

사람들은 가슴을 쓸어 내렸습니다.

그 때 한 스님이 소리쳤습니다.

"저것 좀 보십시오. 혜통 스님의 머리에 '왕(王)' 자 모양으로 흉터가 생겼습니다."

그 때부터 사람들은 혜통을 '왕 화상'이라고 불렀습니다. '화상'이란 수행을 많이 한 스님을 이르는 말입니다.

그 일이 있은 뒤, 마침내 무외는 혜통을 가르치기 시작했습니다.

무외는 혜통에게 거는 기대가 컸습니다.

"혜통은 됨됨이가 훌륭하고 그릇이 크니 반드시 큰 인물이 될 것이야."

혜통은 무외의 가르침을 열심히 배웠습니다. 머지않아 혜통은 덕이 높고 신통력(무슨 일이든지 해낼 수 있는 신비한 힘이나 능력으로, 불교에서는 수행을 통해 얻을 수 있다고 함)이 뛰어난 스님이 되었습니다.

당나라 공주의 병을 고치다

그 무렵에 당나라에서는 공주가 병이 나서 오랫동안 앓아 누워 있었습니다.

당나라 황제는 나라 안의 의원들을 모두 불렀으나, 아무도 공주의 병을 고치지 못했습니다. 또한 귀하다는 약도 모두 구해다 썼으나, 아무 소용이 없었습니다.

당나라 황제는 마지막으로 무외를 궁궐로 불러 공주의 병을 고쳐 달라고 부탁했습니다.

궁궐로 들어온 무외가 말했습니다.

"공주님의 병을 고칠 수 있는 사람은 제가 아닙니다."

"대사가 공주의 병을 고치지 못한다면, 누가 고친단 말이오? 제발 공주의 병을 낫게 해 주시오."

당나라 황제는 무외에게 애원했습니다.

"제가 아니라 신라에서 온 혜통이라는 스님이 고칠 수 있습니다. 공주님의 병을 고칠 사람은 오직 혜통뿐입니다."

무외가 물러가자 당나라 황제는 신하들에게 명령을 내렸습니다.

"신라에서 온 혜통 스님을 모셔 오너라."

황제의 명령을 받은 신하들은 혜통을 궁궐로 데리고 왔습니다.

혜통은 신하들을 따라 황제 앞으로 나아갔습니다. 황제는 혜통을 반갑게 맞이했습니다.

"대사, 어서 오시오."

"불러 주시어 고맙습니다. 공주님의 병을 힘껏 고쳐 보겠습니다."

황제 앞을 물러나온 혜통은 병들어 누워 있는 공주에게로 갔습니다. 공주는 잠이 들었는지 눈을 감고 있었습니다.

혜통은 공주의 얼굴을 자세히 들여다보았습니다. 그러자 혜통의 눈에 공주를 괴롭히는 못된 용이 보였습니다.

공주의 방을 나온 혜통은 흰콩 한 말과 검은콩 한 말, 은그릇과 금그릇을 가져오도록 했습니다.

사람들은 이상한 눈으로 혜통을 바라보며 수군거렸습니다.

"공주님의 병을 고치는 데 흰콩과 검은콩을 가져오라니?"

"글쎄, 은그릇과 금그릇은 왜 가져오라는 건지 모르겠어."

"약을 구해 오라는 것도 아니고, 콩과 그릇들을 가져오라니, 도무지 모를 일이군."

신하들은 의심스러워하면서 흰콩 한 말과 검은콩 한 말, 은그릇과 금그릇을 가져다가 혜통 앞에 놓았습니다.

혜통은 흰콩 한 말을 은그릇 속에 넣고 주문을 외웠습니다. 그러자 참으로 신기한 일이 벌어졌습니다. 은그릇 속의 흰콩이 흰 갑옷을 입은 군사들로 변했습니다.

그 때 또다시 놀라운 일이 일어났습니다. 몸이 커다란 뱀처럼 생기고 넓적한 네 발이 달린 무시무시한 용이 공주의 방에서 뛰쳐나왔습니다.

※ 용과 싸우는 콩 군사들

흰 갑옷을 입은 군사들은 용과 맞붙어 싸웠습니다.

흰 갑옷을 입은 군사들이 용을 향해 칼을

휘두르며 달려들었습니다. 그러자 용은 입에서 불길을 내뿜으며 흰 갑옷을 입은 군사들에게 덤벼들었습니다.

흰 갑옷을 입은 군사들은 용이 내뿜는 불길을 요리조리 피하면서 칼을 휘둘렀습니다. 그러나 흰 갑옷을 입은 군사들은 용의 힘을 당해 내지 못했습니다.

흰 갑옷을 입은 군사들이 용에게 밀리기 시작하자 싸움을 구경하던 사람들은 발을 동동 굴렀습니다.

용은 더욱 무섭게 덤벼들었습니다. 사람들은 손에 땀을 쥐었습니다. 뒤로 밀리고 있는 흰 갑옷을 입은 군사들이 곧 용에게 잡혀 죽을지도 모르기 때문이었습니다.

사람들은 혜통에게 소리쳤습니다.

"대사님, 용을 쫓아 주십시오."

"어서 저 흰 갑옷을 입은 군사들을 구해 주십시오!"

혜통은 이번에는 검은콩 한 말을 금그릇에 쏟아 넣고 주문을 외웠습니다.

그러자 금그릇 속의 검은콩이 검은 갑옷을 입은 군사들로 변했습니다. 검은 갑옷을 입은 군사들은 창을 들고 있었습니다.

검은 갑옷을 입은 군사들은 용을 향해 달려갔습니다. 지금까지 밀리고 있던 흰 갑옷을 입은 군사들도 새로운 힘이 솟는 듯 용을 향해 칼을 휘두르며 다가섰습니다.

흰 갑옷을 입은 군사들과 검은 갑옷을 입은 군사들이 힘을 모으자 이번에는 용이 뒷걸음질치기 시작했습니다.

용은 자꾸만 뒤로 물러섰습니다.

"이 칼을 받아라!"

흰 갑옷을 입은 군사들이 날쌔게 달려들었습니다.

"내 창을 받아라!"

검은 갑옷을 입은 군사들도 몸을 날려 용에게 달려들었습니다. 그러자 용은 하늘 높이 솟아올랐습니다. 콩 군사들을 도저히 당할 수 없었던 것입니다.

"에잇, 분하다! 오늘은 내가 졌지만, 언젠가는 분풀이를 꼭 하고야 말겠다."

용은 공중으로 도망치며 외쳤습니다. 그러고는 어디론가 사라져 버렸습니다.

용이 도망치자, 공주의 병이 씻은 듯이 나았습니다.

이 소식을 들은 당나라 황제는 매우 기뻐했습니다.

"대사를 어서 이리로 모셔 오너라."

당나라 황제는 신하들에게 명령했습니다. 혜통은 황제 앞으로 나아갔습니다.

"대사, 공주의 목숨을 구해 주어서 정말 고맙소."

당나라 황제는 공주의 목숨을 구한 혜통에게 많은 상금을 내렸습니다.

✸ 앙갚음을 하러 신라로 온 용

한편, 혜통에게 쫓겨난 용은 앙갚음을 하려고 신라로 갔습니다.

그러자 평화롭던 신라에 좋지 않은 일들이 자꾸만

일어났습니다. 건강하던 사람이 갑자기 병이 들어 죽는가 하면, 몹쓸 병이 나돌아 많은 사람들이 고생을 했습니다.

농사철에 심한 가뭄이 들기도 하고, 반대로 너무 많은 비가 내려 농사를 망치기도 했습니다.

사람들은 한숨을 쉬며 걱정했습니다.

"후유, 큰일났네! 아무래도 당나라에서 혜통 스님에게 쫓겨난 용이 우리나라로 온 모양일세."

"틀림없이 혜통 스님에게 앙갚음을 하려고 우리나라에 온 거야."

"당나라에서 쫓겨온 용 때문이라면, 어서 혜통 스님이 돌아오셔야겠네."

나라 안에 나쁜 일들이 자꾸 일어나는 것은 당나라에서 쫓겨온 용 때문이라는 소문이 온 나라에 퍼졌습니다.

당시의 왕인 신문왕과 신하들은 의논을 했습니다.

"임금님, 지금 못된 용이 온 나라 안을 돌아다니며 해를 끼치고 있습니다. 당장 용을 쫓아 버려야 합니다."

"용을 쫓아 버리자면, 당나라에 가 있는 혜통 스님을 불러야 합니다."

신하들은 입을 모아 신문왕에게 말했습니다. 신문왕도 신하들의 의견을 따르기로 했습니다.

"당나라에 사신을 보내 혜통 스님을 데리고 오시오."

신문왕은 명령을 내렸습니다.

"저를 당나라에 사신으로 보내 주십시오. 제가 혜통 스님을 모시고 돌아오겠습니다."

한 신하가 앞으로 나오며 신문왕에게 말했습니다. 그 신하는 정공이었습니다.

신문왕은 정공을 당나라에 사신으로 보냈습니다.

당나라에 있는 혜통은 신라에서 벌어지는 일들을 까마득하게 모르고 있었습니다.

용이 신라로 건너와 사람들을 해치고 있다는 사실을 안 것은 사신으로 간 정공을 만난 뒤였습니다.

"혜통 스님께서 쫓은 용이 신라로 와서 사람들을 해치고 있습니다. 어서 돌아가셔서 그 용을 없애 주십시오."

혜통은 즉시 정공과 함께 신라로 돌아왔습니다. 그러자 혜통을 두려워하던 용은 어디론가 사라져 버렸습니다.

"정공, 두고 보자. 가만두지 않겠다."

용은 당나라에서 혜통을 데려온 정공을 원망하며 복수를 다짐했습니다.

※ 용 때문에 죽음을 당한 정공

용은 정공에게 앙갚음을 하려고 정공의 집 앞에 서 있는 버드나무에 몸을 숨겼습니다.

정공은 그 버드나무를 무척 좋아했습니다. 그러나 버드나무에 용이 숨어 있는 줄은 몰랐습니다.

용은 버드나무를 무성히 자라도록 했습니다. 정공은 그 버드나무를 더욱 아끼며 정성껏 보살폈습니다.

그 무렵 신문왕이 세상을 떠나고, 효소왕이 왕의 자리에 올

랐습니다. 효소왕은 세상을 떠난 신문왕의 무덤을 만들고 장사 지낼 길을 닦도록 명령했습니다.

그런데 정공의 집 앞에 있는 버드나무가 길을 가로막고 서 있었으므로, 한 벼슬아치가 나무를 베어 내려고 했습니다. 그러자 정공이 화를 내었습니다.

"차라리 내 머리를 베었으면 베었지, 이 버드나무는 베지 못한다."

벼슬아치는 버드나무를 베지 못하고 돌아갔습니다.

효소왕은 이 사실을 알고 매우 화가 났습니다.

"임금의 명령을 어기고 제 머리를 베라고 하다니. 이는 혜통의 힘을 믿고 임금을 업신여기는 것이니, 마땅히 제가 바라는 대로 해 줘야겠다."

효소왕의 명령에 따라 정공은 죽음을 당했습니다. 용은 드디어 뜻을 이루었습니다.

정공이 죽은 뒤, 효소왕과 신하들은 의논을 했습니다.

"정공은 혜통 스님과 가까운 사이였습니다. 혜통 스님이 정공이 죽은 것을 알면 매우 좋지 않게 여길 것입니다."

"그렇습니다. 뿐만 아니라 혜통 스님이 신통력으로 무슨 일을 벌일지도 모릅니다."

"혜통 스님을 당장 잡아들여야 합니다."

효소왕은 신하들의 의견에 따라 혜통을 잡아들이도록 명령했습니다.

군사들은 혜통을 잡으러 갔습니다.

혜통은 절에 있다가 군사들이 몰려오는 것을 보고 지붕으로 올라갔습니다.

혜통의 손에는 사기병과 붉은 먹을 묻힌 붓이 들려 있었습니다.

혜통은 군사들을 향해 외쳤습니다.

"너희들은 내가 하는 것을 잘 보아라!"

혜통은 사기병의 목에 붓으로 선을 그었습니다.

"이제 너희들의 목을 보아라!"

군사들은 자신들의 목을 살펴보고 깜짝 놀랐습니다.

"내 목에도 붉은 선이 있잖아."

"내 목에도 있어. 이게 어찌 된 일이지?"

군사들의 목에는 모두 붉은 선이 그어져 있었습니다. 군사들은 모두 두려움에 떨었습니다.

혜통은 또 외쳤습니다.

"내가 이 병의 목을 자르면, 너희들 목도 잘릴 것이다. 그러니 어서 돌아가도록 하여라."

이 말을 들은 군사들은 앞을 다투어 달아났습니다.

"임금님, 혜통 스님을 잡아들이는 것은 도저히 불가능한 일입니다."

"저희들 목을 보십시오."

도망간 군사들은 붉은 선이 그어진 목을 효소왕에게 보이며 사정을 설명했습니다.

효소왕은 혜통의 신통력에 감탄했습니다.

"모든 것을 마음대로 할 수 있는 힘을 지닌 혜통 스님을 어찌 사람의 힘으로 다스리겠느냐?"

결국 효소왕은 혜통을 내버려 두었습니다.

한편, 정공에게 원수를 갚은 용은 깊은 산 속으로 들어갔습니다. 그러고는 못된 짓을 일삼으며 백성들을 더욱 심하게 괴롭혔습니다.

혜통은 산으로 용을 찾아갔습니다. 그리고 용을 달래어 부처님의 말씀을 가르쳤습니다. 그제야 용은 잘못을 뉘우치고 못된 짓을 그쳤습니다.

신라는 다시 평화로워졌습니다.

그러던 어느 날 건강하던 공주가 병을 얻어 자리에 눕게 되었습니다.

효소왕은 혜통을 불렀습니다. 효소왕의 부름을 받은 혜통은 대궐로 들어가 공주의 병을 고쳐 주었습니다.

효소왕은 크게 기뻐했습니다. 그리고 정공의 일로 혜통을 의심했던 점을 뉘우쳤습니다.

혜통은 이제까지 마음 속에 감추어 두었던 말을 꺼냈습니다.

"정공은 용의 해를 입어 억울하게 죽었습니다."

혜통의 말을 들은 효소왕은 크게 뉘우쳤습니다. 효소왕은 정공의 죄를 용서하고, 혜통을 국사(덕이 높아 나라의 스승이 될 만한 스님에게 나라에서 내리던 이름)로 삼았습니다.

신통력을 지닌 혜공

혜공은 신기하고도 묘한 일을 많이 했습니다. 혜공이 부개사에 있을 때의 일입니다. 혜공은 다른 스님들과는 다른 점이 많았습니다. 언제나 미친 사람처럼 술에 취하여 삼태기를 등에 지고 거리에서 노래를 부르며 춤을 추었습니다.

❈ 주인의 병을 고친 우조

신라 때 '혜공'이라는 스님이 있었습니다.

혜공은 천진의 집에 얹혀살면서 삯일을 하는 여인의 아들로 태어났습니다. 혜공은 어릴 적 이름이 우조였습니다.

우조가 7세 때였습니다. 천진은 등에 몹쓸 종기가 나서 오랫동안 앓고 있었습니다.

천진은 좋다는 약을 모두 구하여 써 보았으나, 종기는 낫지 않았습니다. 또 이름난 의원을 불러다 치료했으나, 종기가 낫기는커녕 더욱 심해졌습니다.

천진의 등에 난 종기는 처음에는 작았지만 차츰 곪아 들어가면서 아주 커졌습니다. 천진은 몹쓸 종기 때문에 목숨이 위태롭게 되었습니다. 이 소문은 온 고을에 퍼졌습니다.

고을 사람들은 문병을 하기 위해 천진의 집에 모여들었습니다. 천진의 집 앞은 문병 오는 사람들이 줄을 이었습니다.

길에서 뛰어놀던 우조는 집 앞에 사람들이 많이 모여든 것을 이상하게 여겼습니다. 우조는 어머니에게 여쭈어 보았습니다.

"어머니, 집에 무슨 일이 있기에 손님이 이렇게 많은가요?"

"주인님이 몹쓸 병에 걸려 돌아가시게 됐단다."

우조의 어머니는 걱정스러운 목소리로 아들에게 말했습니다.

"몹쓸 병이라니요?"

"주인님이 몹쓸 종기 때문에 오랫동안 고생하신 걸 너는 모르고 있었단 말이냐?"

어머니는 우조를 나무랐습니다.

"저는 몰랐어요. 그렇다면 제가 주인님의 종기를 고쳐 드리겠어요."

우조가 어머니에게 말했습니다.

"이름난 의원들도 고치지 못한 병을 어린 네가 어떻게 고치겠다는 거냐?"

어머니는 우조의 말을 믿지 않았습니다. 그러나 우조는 자신 있게 말했습니다.

"어머니, 걱정 마세요. 제가 주인님의 병을 고치겠어요. 저만 믿으세요."

어머니는 천진에게 우조의 말을 전했습니다.

"주인님, 제 아들 우조가 주인님의 병을 고치겠다고 합니다."

"우조가 내 병을 고치겠다고?"

"예, 그렇습니다. 비록 어린 아이의 말이기는 하지만,

한번 불러 보시는 게 어떻겠습니까?"

"어린 마음에도 내 병을 걱정하고 있으니, 기특한 일이구나! 우조를 불러 오너라."

천진은 우조를 불러 오도록 했습니다.

"주인님, 우조를 데려왔습니다."

우조의 어머니가 천진에게 말했습니다.

천진은 자리에 누운 채 고개를 돌려 우조를 바라보았습니다. 우조는 꿇어앉은 채 아무 말도 하지 않았

습니다. 다만, 천진의 얼굴을 바라볼 뿐이었습니다.

그런데 정말 이상한 일이 일어났습니다. 좋은 약을 써도 낫지 않고, 이름난 의원들도 고치지 못했던 종기가 저절로 터져 고름이 쏟아져 나왔습니다.

목숨까지 위태롭던 천진의 병이 깨끗이 나았습니다. 우조가 주인의 얼굴을 바라보았을 뿐인데, 병이 나아 버린 것입니다.

천진은 병이 나은 것은 우연이라고 생각했습니다. 우조의 어머니도 마찬가지였습니다.

❈ 우조가 지닌 신기한 힘

세월이 흘러 우조는 청년이 되었습니다.

우조는 천진을 위해 매를 한 마리 길렀습니다.

그 매는 사냥을 잘 했습니다. 그래서 천진은 그 매를 매우 좋아했습니다. 천진은 길을 걸어갈 때에도 매를 왼손에 올려놓고 다녔습니다.

천진에게는 동생이 있었습니다. 천진의 동생은 벼슬을 얻어 다른 고을로 떠나면서 천진이 매우 좋아하던 매를 얻어 가지고 갔습니다.

어느 날 저녁때였습니다.

천진은 문득 동생이 가지고 간 매가 생각났습니다.

"내일 아침에 우조를 동생 집에 보내어 그 매를 가져오도록 해야겠다."

다음 날 아침이 되었습니다.

잠자리에서 일찍 일어난 우조는 천진이 보고 싶어하는 매를 불렀습니다. 그러자 잠깐 사이에 그 매가 날아와 우조의 왼손에 앉았습니다. 우조는 천진이 그 매를 보고 싶어한다는 것을 미리 알아챈 것입니다.

우조는 매를 가지고 천진에게 갔습니다.

"주인님, 안녕히 주무셨습니까? 주인님께서 보고 싶어하시는 매를 가져왔습니다."

우조는 천진에게 아침 인사를 하고, 그 매를 바쳤습니다.

"이 매를 언제 가져왔단 말이냐? 내가 매를 보고 싶어하는 것을 어떻게 알았느냐?"

천진은 크게 놀랐습니다. 그리고 모든 것을 깨달았습니다. 지난날 자기의 등에 난 종기를 낫게 해 준 것이나 매를 가져온 것은 모두 우조가 지닌 신기하고도 묘한 힘 때문이라는 것을 알게 되었습니다.

천진은 일어나 우조에게 공손히 절을 했습니다.

"이처럼 훌륭하신 분이 우리 집에 계신 것을 미처 알지 못했습니다. 부디 용서해 주십시오. 또 그 동안 말을 함부로 하고, 공손히 모시지 못한 저의 죄를 용서하십시오. 그리고 앞으로 스님이 되어 저를 바른 길로 이끌어 주십시오."

천진은 조금도 거짓 없는 마음으로 용서를 빌었습니다.

우조는 입가에 웃음을 담고 조용히 천진을 바라보았습니다.

그 뒤 우조는 천진의 집을 나와 스님이 되었습니다. 이름도 혜공으로 바꾸었습니다.

혜공은 '부개사' 라는 작은 절에서 수행을 했습니다. 그러다가 나중에는 '항사사' 라는 절에서 지냈습니다.

❀ 술 취해 춤추는 스님

혜공은 신기하고도 묘한 일을 많이 했습니다.

혜공이 부개사에 있을 때의 일입니다.

혜공은 다른 스님들과는 다른 점이 많았습니다. 언제나 미친 사람처럼 술에 취하여 삼태기를 등에 지고 거리에서 노래를 부르며 춤을 추었습니다.

"저것 봐! 혜공 스님이 또 술에 취해서 춤을 추고 있어."

"정말 이상한 스님이야."

사람들은 혜공의 행동을 이해할 수 없었습니다.

또 혜공은 종종 우물 속에 들어가 몇 달 동안이나 나오지 않았습니다.

혜공이 우물에서 나올 때면 언제나 푸른 옷을 입은 아이가 먼저 나왔습니다. 더욱 신기한 일은 혜공은 우물에서 나왔는데도 옷이 물에 젖지 않았다는 것입니다.

혜공이 항사사에 있을 때는 이런 일도 있었습니다.

어느 날 화랑 구참이 말을 타고 산길을 가다가 혜공이 죽어 있는 것을 보았습니다.

"혜공 스님, 어쩌다가 산길에서 홀로 세상을 떠나셨습니까?"

구참은 혜공의 죽음을 슬퍼했습니다.

한참 뒤, 구참은 다시 말을 타고 거리로 내려왔습니다. 그런데 정말 이상한 일이었습니다. 이미 세상을 떠난 혜공이 거리에서 술에 크게 취하여 노래하며 춤을 추고 있었습니다.

또 이런 일도 있었습니다. 유명한 스님인 명랑이 '금강사'라는 절을 세우자, 훌륭한 스님들이 모두 모였습니다. 그런데 혜공만 오지 않았습니다.

신통력을 지닌 혜공

명랑은 향을 피우고 정성껏 기도했습니다. 그러자 조금 뒤에 혜공이 왔습니다.

그 때 마침 소나기가 줄기차게 쏟아지고 있었습니다. 그런데 빗속을 걸어온 혜공은 옷이 조금도 젖지 않았고, 발에도 진흙이 묻지 않았습니다.

혜공은 아무렇지도 않은 듯 명랑에게 말했습니다.

"스님께서 간절히 부르셔서 왔습니다."

이처럼 혜공에게는 신비스러운 일들이 많았습니다.

혜공은 세상을 떠날 때에도 공중에 뜬 채로 삶을 마쳤다고 합니다.

세속 오계를 일러 준
원광

"나는 젊은이들이 꼭 지켜야 할 다섯 가지가 있다고 생각하오.
첫째는 충성으로써 임금을 섬기는 일이요, 둘째는 효도로써 어버이를 섬기는
일이요, 셋째는 믿음으로써 벗을 사귀는 일이요, 넷째는 싸움터에 나가서
물러서지 않는 일이요, 다섯째는 생물을 죽일 때 가려서 죽이는 일이오."

❈ 어려서부터 학문을 갈고 닦다

 원광은 신라 때 스님입니다. 당시에 원광을 모르는 사람이 없을 정도로 이름이 높았습니다.

 원광은 스님이 되기 전의 성이 박씨였습니다. 원광은 어려서부터 밤낮으로 책을 읽고 글을 잘 지어 주변 사람들로부터 칭찬을 많이 받았습니다.

 원광은 부지런히 학문을 연구해 신라에 널리 이름을 떨쳤습니다. 하지만 원광은 자신의 지식이 중국에 미치지 못하는 것

을 늘 부끄럽게 생각했습니다.

25세에 원광은 중국으로 가는 배를 탔습니다.

"중국으로 가서 학문을 좀 더 닦아야겠어."

원광은 중국 진나라의 서울인 금릉(지금의 난징)으로 갔습니다. 금릉은 문물이 아주 발달한 곳이었습니다.

원광은 장엄사로 가서 민공의 제자에게 불교에 대한 가르침을 들었습니다. 어려서부터 갈고 닦은 학문이 깊었기 때문에 원광은 얼마 지나지 않아서 도를 깨닫게 되었습니다.

그 뒤 원광은 스님이 되어 도를 열심히 닦았습니다. 그러자 원광을 따르는 제자들이 구름처럼 모여들었습니다.

원광이 중국 오나라의 호구산에 머물 때였습니다.

"스님, 제발 산 속에만 계시지 말고 내려오셔서 가르침을 베풀어 주십시오."

어느 날 한 신도가 원광을 찾아와서 간절히 부탁했습니다.

"나는 깨달음도 없고 아는 것도 부족하오. 아직 공부하는 중이니 다른 스님께 부탁하시오."

원광은 그 사람의 부탁을 거절했습니다. 하지만 그 사람은 물러서지 않고 거듭 부탁했습니다.

"스님을 찾아뵙기 전에 이미 모든 것을 들어서 알고 있습니다. 스님을 모시고 가기 전에는 한 발짝도 움직이지 않겠습니다."

원광은 더 이상 사양할 수가 없었습니다.

마침내 원광은 그 사람을 따라가 설법(불교의 가르침을 풀어서 밝힘)을 했습니다. 모든 사람이 다 알아들을 수 있도록 쉽고 재미있게 설법을 해서 원광에 대한 소문은 중국 곳곳에 퍼졌습니다.

그 뒤 원광의 설법을 듣기 위해 모여드는 사람들이 끊이지 않았습니다.

탑이 불길에 휩싸이다

그 무렵에 수나라 황제는 중국을 다스릴 욕심으로 진나라에까지 쳐들어왔습니다.

원광도 난리 통에 수나라 군사에게 붙잡혀 죽음을 당할 위기에 놓였습니다.

바로 그 때, 수나라 군사를 이끄는 장수의 눈에 장엄사의 탑이 불타고 있는 것이 보였습니다.

"탑이 불타고 있다. 빨리 불을 꺼라."

수나라 장수는 다급한 목소리로 부하들에게 소리치면서 불타오르는 탑을 향해 달려갔습니다. 그런데 분명 불길에 휩싸여 있던 탑이 가까이 가 보니 아무렇지도 않았습니다.

"그것 참 이상한 일이야……."

수나라 장수는 고개를 갸웃거리며 탑 주위를 돌아보다가 깜짝 놀랐습니다. 한 스님이 탑 앞에 묶인 채 죽음을 기다리고 있었습니다.

'아! 이 스님을 구하라고 탑이 불타오르는 것처럼 보였구나. 참으로 신기한 일이다. 아마도 이 스님은 굉장한 신통력을 가진 것이 틀림없어.'

수나라 장수는 원광을 당장 풀어 주도록 부하에게 명령했습니다.

진나라는 마침내 수나라에게 무릎을 꿇게 되었습니다.

원광은 더 큰 뜻을 펴기 위해 수나라의 서울로 유학을 가게 되었습니다. 그 곳에서도 원광의 이름은 널리 퍼졌습니다.

원광은 수나라에서 부처님의 가르침을 전하는 한편, 그 곳의 발달한 문화에도 많은 관심을 쏟았습니다.

❈ 신라로 돌아오다

'신라로 돌아가서 깨달음을 전해야 한다.'

원광은 늘 신라로 돌아갈 생각을 하고 있었습니다.

한편, 신라에서는 원광이 중국에서 이름을 떨치고 있다는 소문을 듣게 되었습니다.

진평왕은 원광을 신라로 불러 나라에 불도를 널리 펼 생각으로 수나라 황제에게 부탁했습니다.

"원광 법사는 신라의 인재이니 귀국을 허락해 주십시오."

수나라 황제는 신라에서 여러 차례 부탁을 하자, 마침내 원광을 돌려 보내라고 명령했습니다.

"원광 법사를 후하게 대접하고 신라로 안전하게 돌아갈 수 있도록 하라."

원광이 신라로 돌아오자, 백성들은 모두 기뻐했습니다. 그 중에서도 가장 기뻐한 사람은 바로 진평왕이었습니다.

진평왕은 나라를 다스리는 모든 일을 원광에게 물어서 처리했습니다. 원광은 부처님의 가르침을 바탕으로 모든 일을 처리해 백성들의 존경을 받았습니다.

원광을 찾아온 산신령

원광이 삼기산에서 도를 닦을 때의 일입니다.

어느 날 밤, 원광은 홀로 앉아 불경을 읽고 있었습니다. 그런데 어디선가 갑자기 목소리가 들려왔습니다.

"나는 이 곳의 산신령이오. 그대의 수행은 법도에 어긋남이 없으니, 참으로 훌륭하오. 그런데 그대의 이웃에 사는 스님은 도를 닦지만 얻는 것이 없고, 늘 시끄러워 다른 사람의 수행을 방해하고 있소. 또 내가 다니는 길목에 버티고 앉아 나의 출입을 방해하고 있소. 그러니 그대는 그 스님에게 말해 다른 곳으로 옮겨 가게 하시오. 만일 그자가 고집을 피우고 옮기지 않는다면, 나는 더 이상 그자를 그냥 둘 수가 없소."

이튿날이 되자 원광은 그 스님을 찾아갔습니다.

"내가 어젯밤에 산신령의 말을 들었는데, 그대는 다른 곳으로 옮겨 가는 것이 좋겠소. 그렇지 않으면 불행한 일을 당할 것이오."

원광의 이야기를 듣고 이웃에 사는 스님은 화를 내며 말했습니다.

"나처럼 수행을 많이 한 사람은 마귀에게 화를 당하는 법이 없소. 그대는 어찌 둔갑한 여우에게 홀려 그 따위 말을 믿는 거요?"

그 스님은 도리어 원광을 꾸짖었습니다. 원광은 어떻게 할 수가 없어서 그냥 돌아오고 말았습니다.

그 날 밤, 산신령의 목소리가 다시 들려왔습니다.

"그 스님이 뭐라고 하오?"

원광은 혹시 그 스님에게 좋지 않은 일이 생길까 두려워 사실대로 말하지 못했습니다.

"아직 그 이야기를 전하지 못했습니다. 제가 알아듣게 잘 말한다면 틀림없이 자리를 옮길 것입니다."

"그대는 어찌 내게 거짓말을 하오. 두고 보시오. 그자는 이제 죽을 것이오."

산신령은 모든 일을 다 알고 있었습니다.

잠시 뒤, 천둥 소리와 함께 벼락이 치더니 요란한 소리가 들렸습니다.

이튿날 원광이 가 보니, 산이 무너져 내려 그 스님이 있던 절을 뒤덮어 버리고 말았습니다.

그 날 밤, 산신령이 원광을 또다시 찾아와 물었습니다.

"그대가 보기에 나의 도술이 어떻소?"

"아주 놀랍습니다."

"나는 나이가 삼천 살이나 되며, 도술이 아주 뛰어나서 이 정도는 아무것도 아니오. 나는 앞으로 일어날 일도 다 알며, 세상의 온갖 일에도 통달하지 않은 것이 없소. 그대는 이 나라에 머물러 있지 말고 중국에 가서 불법을 닦으시오. 그렇게 해야 장차 큰일을 할 것이오."

"저도 오래 전부터 중국에 가서 불도를 배우고 싶었습니다. 그러나 워낙 멀리 떨어진 곳이고, 또 가는 길을 몰라 망설이고 있습니다."

그러자 산신령은 원광에게 중국에 가는 자세한 길을 일러 주었습니다. 원광은 그 길을 따라 중국으로 쉽게 건너갈 수가 있었습니다.

중국에 다녀온 원광은 그 산신령에게 감사의 뜻을 전하기 위해 삼기산에 있는 절에 갔습니다.

그 날 밤, 산신령의 목소리가 들려왔습니다.

"중국에는 잘 다녀왔소?"

"산신령님의 은혜로 무사히 다녀왔습니다."

"이렇게 찾아와 주니 고맙소."

"그런데 제가 산신령님의 모습을 볼 수는 없습니까?"

원광은 산신령의 모습이 궁금하여 물었습니다.

"만일 법사가 내 모습을 정 보고 싶다면, 내일 아침에 동쪽 하늘 끝을 바라보시오."

그러고는 산신령의 목소리는 더 이상 들리지 않았습니다.

원광은 이튿날 아침 동쪽 하늘 끝을 바라보았습니다. 그 곳에는 큰 팔뚝이 구름을 뚫고 하늘 끝에 닿아 있었습니다.

그 날 밤, 산신령이 또다시 찾아와 물었습니다.

"법사는 내 팔을 보았소?"

"보긴 했습니다만, 아주 이상했습니다."

"내가 비록 산신령이라고는 하지만, 목숨이 끝나는 날이 있다오. 나는 얼마 못 가서 세상을 버릴 것이오. 그 때 법사가 내 넋을 배웅해 주시오."

산신령은 원광에게 어느 날 어느 곳으로 오라고 일러 주었습니다.

"알겠습니다."

원광은 그 날을 잊지 않고 있다가 그 곳을 찾아갔습니다.

그 곳에는 놀랍게도 늙은 여우 한 마리가 숨을 헐떡거리고 있었습니다. 마치 옻칠이라도 한 듯 새까만 그 여우는 원광이 도착하자 이내 숨을 거두고 말았습니다.

원광은 여우를 잘 묻고 제사를 지내 주었습니다.

❀ 세속 오계를 일러 주다

원광이 신라로 돌아온 지도 여러 해가 지났습니다.

하루는 왕이 원광을 불렀습니다.

"지금 우리나라는 백제와 고구려가 번갈아 가며 쳐들어오기 때문에 매우 위태롭소. 그러니 법사께서는 수나라 황제에게 군사를 청하는 글을 지어 주시오. 법사의 글 솜씨만이 수나라 황제의 마음을 움직일 수가 있소."

원광은 즉시 군사를 요청하는 글을 지었습니다. 수나라 황제는 그 글을 읽고 크게 감탄하여 30만 명이라는 대군을 보내어 고구려를 치게 했습니다.

고구려는 수나라와 싸우느라고 신라를 공격할 틈이 없었습니다. 그래서 신라는 겨우 위험한 지경에서 벗어났습니다.

그 뒤로 원광은 나라를 지키는 젊은이들이 굳세고 용감해야 한다고 늘 생각했습니다.

그러던 어느 날 사량부에 사는 귀산과 추항이 원광을 찾아왔습니다.

두 젊은이는 원광에게 말했습니다.

"우리 젊은이들이 평생 가슴 속에 간직하고 살아갈 좋은 말씀을 듣기 위해 찾아왔습니다."

"기특하오. 젊은이는 바로 나라의 기둥이오. 나는 젊은이들이 꼭 지켜야 할 다섯 가지가 있다고 생각하오. 첫째는 충성으로써 임금을 섬기는 일이요, 둘째는 효도로써 어버이를 섬기는 일이요, 셋째는 믿음으로써 벗을 사귀는 일이요, 넷째는 싸움터에 나가서 물러서지 않는 일이요, 다섯째는 생물을 죽일 때 가려서 죽이는 일이니, 젊은이들은 이 다섯 가지를 꼭 지켜야 하오."

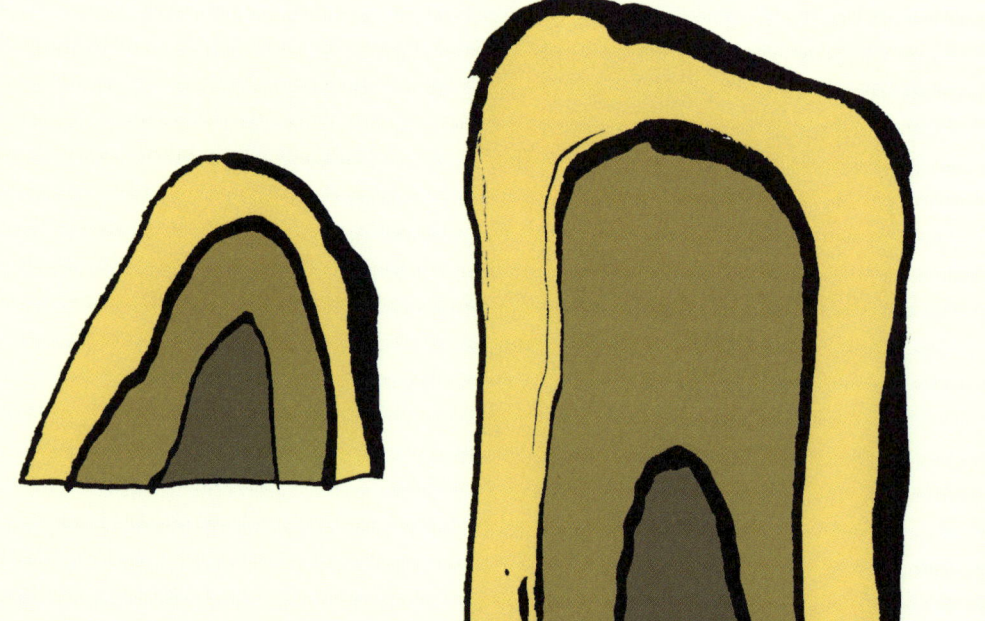

원광의 말에 두 젊은이가 물었습니다.

"생물을 죽일 때 가려서 죽이라 함은 무슨 뜻입니까?"

"불교에서 지키는 제삿날인 매월 8일, 14일, 15일, 23일, 29일, 30일은 사천왕이 사람의 선악을 살피는 날이오. 이 여섯 번의 제삿날과 봄, 여름에는 생물을 죽이지 말아야 하니, 이는 시기를 가리라는 뜻이오. 또한 말과 소와 닭 그리고 개 따위 한 점의 고기도 되지 못하는 작은 생명을 죽이는 것도 삼가야 하오. 뿐만 아니라 어쩔 수 없이 생물을 죽이더라도 필요한 만큼만 죽여야지 그 이상을 해쳐서는 안 된다는 것이오."

"잘 알았습니다."

"앞으로 이 다섯 가지 계율을 꼭 지키겠습니다."

원광이 귀산과 추항에게 가르친 다섯 가지 계율은 뒷날 화랑이 꼭 지켜야 하는 계율로 정해졌습니다. 이것이 바로 '세속 오계'입니다.

선덕 여왕 9년, 원광은 황룡사에서 단정히 앉은 채 99세로 세상을 떠났습니다. 원광이 세상을 떠날 때 하늘에서는 음악 소리가 들려왔고, 방 안에는 알 수 없는 향기가 가득 찼습니다.

선덕 여왕은 여러 가지 장례 도구와 비용을 주어 원광을 장사 지내게 했는데, 마치 왕의 장례와도 같았습니다.

뒷날, 어떤 사람이 자기 자식이 죽자 원광의 무덤 옆에 파묻은 일이 있었습니다. 세상에 떠도는 이야기로는 복이 있는 사람의 무덤 옆에 죽은 아이를 묻으면 자손이 절대로 끊어지지 않는다고 했기 때문입니다.

그러나 원광의 무덤 옆에 몰래 아이를 묻자 금방 벼락이 내려 그 아이를 무덤 밖으로 던져 버렸습니다.

그러한 일이 있은 다음부터는 모든 사람들이 원광을 더욱 우러르게 되었습니다.

귀신을 물리친
밀본

밀본이 《약사경》을 다 외우자 이상한 일이 벌어졌습니다. 밀본이 지니고 있던 큰 지팡이가 쏜살같이 선덕 여왕의 침실 안으로 날아들었습니다. 순간, 선덕 여왕의 방에서 비명이 울렸습니다. 침실로 날아든 지팡이가 늙은 여우 한 마리와 법척을 나란히 꿰어 침실 밖으로 내던진 것입니다.

❊ 선덕 여왕의 병을 고치다

신라 제27대 선덕 여왕 때 일입니다.

어느 날 선덕 여왕이 병으로 앓아 누웠습니다. 의원들이 온갖 약을 다 써 보았지만, 선덕 여왕은 낫지 않았습니다.

그 무렵에 흥륜사에는 '법척'이라는 스님이 있었습니다. 법척은 병을 잘 고친다고 소문이 난 스님이었습니다.

신하들은 법척에게 선덕 여왕의 병을 고치도록 했습니다. 법척은 궁궐에 들어와 선덕 여왕의 병을 정성껏 치료했습니다.

하지만 선덕 여왕의 병은 낫지 않았습니다.

그 때 '밀본'이라는 스님이 온 나라를 돌아다니며 좋은 일을 많이 하여 백성들이 모두 우러러본다는 소문이 들렸습니다.

그 소문을 들은 신하들이 선덕 여왕에게 말했습니다.

"여왕님, 아주 훌륭한 스님이 계시다고 합니다. 법척이 치료하지 못한 여왕님의 병을 그 스님에게 치료하도록 하는 것이 좋을 듯합니다."

"그리 하시오. 밀본 스님을 어서 부르시오."

선덕 여왕은 밀본을 궁궐로 불렀습니다. 밀본은 법척을 대신해서 선덕 여왕의 병을 치료하게 되었습니다.

밀본은 선덕 여왕의 침실 밖에서 《약사경》을 외우기 시작했습니다.

밀본이 《약사경》을 다 외우자 이상한 일이 벌어졌습니다. 밀본이 지니고 있던 큰 지팡이가 쏜살같이 선덕 여왕의 침실 안으로 날아들었습니다.

순간, 선덕 여왕의 방에서 비명이 울렸습니다. 침실로 날아든 지팡이가 늙은 여우 한 마리와 법척을 나란히 꿰어 침실 밖으로 내던진 것입니다.

 사람들은 너무 놀라 밀본을 바라보았습니다. 밀본의 머리 위에는 신비스러운 빛이 서려 있었습니다.

"정말 대단한 스님이시구나!"

사람들은 밀본의 신통력에 감탄했습니다.

그 날로 선덕 여왕의 병은 씻은 듯이 나았고, 밀본의 이름은 더욱 유명해졌습니다.

❋ 귀신을 내쫓다

정승 벼슬을 한 김양도가 어렸을 때의 일입니다.

어느 날 김양도는 갑자기 입이 붙고 몸이 굳어 말도 못 하고 움직일 수도 없게 되었습니다.

몸이 불편한 김양도가 가만히 살펴보니, 날마다 큰 귀신 하나가 작은 귀신 여럿을 거느리고 와서 모든 음식을 맛보는 것이었습니다. 무당이 와서 굿을 하면 귀신들이 몰려와서 행패를 부렸습니다.

김양도는 귀신들을 쫓으려고 했지만, 입이 붙어 소리를 지를 수가 없었습니다. 김양도는 어쩔 수 없이 귀신들의 행패를 바라볼 수밖에 없었습니다.

그러던 어느 날 김양도의 아버지가 법류사에서 스님을 데려와 경을 읽게 했습니다. 그러자 큰 귀신이 작은 귀신에게 그 스님을 쇠몽둥이로 치라고 명령했습니다. 귀신에게 머리를 얻어맞은 스님은 땅바닥에 쓰러져 죽어 버렸습니다.

며칠 뒤, 김양도의 집에서는 밀본을 불러 오기로 했습니다.

"밀본 스님께서 와 주시겠다고 허락하셨습니다."

밀본을 만나고 온 사람이 김양도의 아버지에게 말했습니다.

이 소리를 들은 귀신들은 얼굴빛이 하얗게 변했습니다.

"큰일났다. 이 집에 밀본 스님이 오면, 우리에게 조금도 이로울 것이 없어."

"빨리 피하는 것이 좋겠어."

여러 귀신들이 입을 모았습니다. 그러나 큰 귀신이 거만스럽게 말했습니다.

"조금도 해로울 것이 없느니라."

큰 귀신의 이야기가 끝나자마자, 사방에서 불법을 지키는 신들이 들이닥쳤습니다. 불법을 지키는 신들은 모두 쇠로 된 갑옷을 입고 긴 창으로 무장했는데, 김양도의 집에 사는 귀신들을 모조리 잡아서 끌고 갔습니다.

이윽고 밀본이 나타났습니다. 김양도는 밀본이 경을 읽기도 전에 붙었던 입이 떨어져 말을 하게 되었고, 굳었던 몸도 풀려 자유롭게 행동할 수 있었습니다.

다시 온전한 몸으로 돌아온 김양도는 그 뒤로 불교를 성심껏 믿었습니다.

김양도는 흥륜사 법당에 미륵보살을 만들고, 벽에는 금을 녹여 부처님을 그렸습니다. 김양도는 평생 부처님을 믿었습니다.

❈ 신통력으로 인혜를 혼내 주다

밀본은 일찍이 금곡사에서 살았던 적이 있었습니다.

어느 날 신라의 장군인 김유신의 친척 김수천이 고약한 병에 걸렸습니다. 김유신은 밀본에게 김수천을 치료해 달라고 부탁했습니다.

밀본이 김수천을 살펴보고 있을 때, 김수천의 친구인 '인혜'라는 스님이 찾아왔습니다. 인혜는 밀본을 보더니 거친 말로 헐뜯기 시작했습니다.

"당신의 모습과 태도를 보니 간사하고 아첨을 일삼는 사람 같소. 그런 사람이 어찌 남의 병을 고칠 수 있겠소?"

밀본은 이런 말을 듣고도 공손히 대답했습니다.

"나는 김유신 장군의 명령을 받고 어쩔 수 없이 이 곳에 온 사람입니다."

그러자 인혜가 뽐내듯 말했습니다.

"내 신통력을 좀 보시오."

인혜는 향을 피우고 주문을 외웠습니다. 그러자 신비스러운 구름이 일더니 인혜의 이마를 둘러쌌습니다. 하늘에서는 예쁜 꽃이 눈처럼 쏟아져 내렸습니다.

그것을 본 밀본이 말했습니다.

"스님의 신통력은 참으로 대단합니다. 제게도 변변치 않지만 재주가 있으니 부디 보아 주시면 고맙겠습니다."

"좋소. 어디 한번 재주를 부려 보시오."

밀본은 인혜 앞에 서서 손가락을 튕겨 소리를 냈습니다. 그러자 인혜의 몸이 공중으로 둥둥 떠올랐습니다. 잠시 뒤, 공중에 떠 있던 인혜는 거꾸로 떨어져 머리가 땅에 박히고 말았습니다.

옆에 있던 사람들이 인혜를 잡아당겨 보았지만, 땅에 박힌

인혜의 머리는 꿈쩍도 하지 않았습니다. 인혜는 몸이 땅에 거꾸로 박힌 채 그 날 밤을 꼬박 새워야만 했습니다.

이튿날이 되자 김수천은 사람을 시켜 김유신에게 그러한 사실을 알렸습니다. 김유신의 부탁을 받은 밀본은 그제야 땅에 박힌 인혜를 구해 주었습니다.

그 일이 있은 뒤, 인혜는 남을 깔보거나 함부로 재주를 뽐내는 일을 하지 않게 되었습니다.

불교를 널리 알린
원효

원효는 불교의 율법을 어기고 설총을 낳은 뒤부터는 스님들의 옷을 입지 않았습니다. 그러고는 온 나라 안을 돌아다니며 불교를 널리 알리는 데 힘썼습니다. 특히 원효는 불교의 이치를 알기 쉬운 노래로 지어 백성들에게 가르쳐 주었습니다. 원효는 이처럼 불교를 널리 알린 신라의 위대한 스님입니다.

❋ 밤나무 밑에서 태어나다

원효는 스님이 되기 전에 성이 설씨였습니다.

원효의 아버지 담날은 내마 벼슬을 하며 압량군(지금의 경상 북도 경산군)의 남쪽에 살고 있었습니다.

어느 날 아이를 배어 달이 찬 담날의 아내는 볼일을 보러 나갔다가 집에서 얼마 떨어지지 않은 불지촌의 밤나뭇골을 지나게 되었습니다.

담날의 아내가 어느 밤나무 밑을 지날 때였습니다.

"갑자기 배가 아파 오네. 아무래도 아이가 나오려나 봐."

담날의 아내는 집으로 돌아가지 못하고 그냥 그 밤나무 밑에서 아이를 낳기로 했습니다.

담날의 아내는 마침 가지고 있던 남편의 비단옷을 밤나무에 걸어 놓고는 그것을 두 손으로 잡고 힘들게 아이를 낳았습니다. 그 아이가 바로 원효입니다.

그런 이유로 그 밤나무에는 '사라수'라는 이름이 붙게 되었습니다. '사라'란 비단을 뜻하는 말입니다. 담날의 아내가 남편의 비단옷을 그 나무에 걸었다고 해서 '사라수'가 된 것입니다.

나무뿐만 아니라 거기에서 열리는 밤까지도 '사라율'이라고 불렀습니다.

원효의 탄생과 그에 얽힌 이야기말고도 밤나뭇골에는 옛날부터 내려오는 재미있는 전설이 있었습니다.

옛날 밤나뭇골에 조그만 절이 하나 있었습니다.

그 절의 주지(절을 주관하는 스님)는 절에서 부리는 종들에게 저녁 끼니로 밤 두 톨씩을 주었습니다. 그러자 종들은 그것이 너무 적다고 관가에 고소를 했습니다.

관가에서는 주지와 종들을 다 같이 불러들였습니다.

고을을 다스리는 벼슬아치는 주지에게 차근차근 따지기 시작했습니다.

"스님은 절에서 부리는 종들에게 저녁으로 밤 두 톨씩만 주었다는데, 그것이 사실이오?"

"그렇습니다."

주지는 태연히 대답했습니다.

"밤 두 톨이 어떻게 끼니가 될 수 있단 말이오?"

벼슬아치는 어처구니없다는 듯 물었습니다.

"이런 밤 두 톨이면 충분히 한 끼를 먹고도 남습니다."

주지는 벼슬아치 앞에 밤 두 톨을 내놓았습니다. 과연 그 밤은 스님들이 쓰는 밥그릇인 바리때 하나에 가득 차고도 남을 만큼 아주 컸습니다.

"이렇게 큰 밤도 있소?"

벼슬아치는 두 눈이 휘둥그레졌습니다.

이번에는 벼슬아치가 종들에게 물었습니다.

"저 스님이 너희들에게 끼니로 주었다는 밤이 이것과 똑같은 밤이냐?"

"그렇습니다."

종들의 대답을 들은 벼슬아치는 판결을 내렸습니다.

"종들에게 끼니로 밤 두 톨씩 주던 것을 앞으로는 줄여서 한 톨씩만 주어라."

그런 일이 있은 다음부터 사람들은 그 마을을 '밤나뭇골'이라고 부르기 시작했습니다.

❀ 내 마음이 곧 불법이로구나!

원효의 어머니는 하늘에서 별똥별이 떨어져 품에 들어오는 꿈을 꾼 뒤 원효를 가졌습니다. 밤나뭇골에서 원효를 낳을 때에는 오색구름이 땅을 뒤덮었다고 합니다.

원효는 진평왕 39년(617)에 태어났습니다.

원효는 어릴 때부터 총명하고 재주가 뛰어나 가르쳐 주는 스승도 없이 혼자 학문을 닦았습니다. 그리고 장차 스님이 되어 많은 사람들을 구할 것을 결심했습니다.

원효는 황룡사에 들어가 머리를 깎고 스님이 되었습니다. 이미 스님이 되기 전에도 자기 집을 바쳐 '초개사'라는 절을 세웠습니다. 뿐만 아니라 자기가 태어난 사라수 옆에도 절을 세워 '사라사'라고 했습니다.

스님이 된 뒤로 원효는 영취산에 있는 낭지, 흥륜사에 있는 연기, 고구려의 반룡산에 있는 보덕 등의 스님을 찾아다니며 불도를 닦았습니다.

원효는 45세 때, 같이 공부하던 의상과 함께 당나라를 향해 먼 길을 떠났습니다. 불교를 더 공부하여 깨달음을 얻기 위해서였습니다.

당나라를 향해 길을 떠난 원효와 의상이 당항성에 이르렀을 때였습니다.

그 날 밤, 원효와 의상은 잠자리를 얻지 못해 어떤 무덤 사이에서 묵게 되었습니다.

잠결에 목이 말랐던 원효는 손으로 주위를 더듬거리다가 옆에 놓인 그릇의 물을 마셨습니다.

이튿날 잠에서 깬 원효는 너무 놀랐습니다. 지난밤에 자기가 마신 것은 그릇에 담긴 물이 아니라, 해골 속에 고인 더러운 물이었습니다.

원효는 자기가 해골 속에 담긴 더러운 물을 마셨다고 생각하니 자꾸만 구역질이 났습니다. 원효는 정신없이 토하다가 문득 크게 깨달았습니다.

"어젯밤에는 그토록 꿀맛 같던 물이, 해골에 담긴 썩은 물이라는 것을 알자 토하게 되다니. 이 세상 모든 것이 오직 마음에 달렸구나. 내 마음이 곧 불법인데, 구태여 먼 당나라까지 가서 불도를 닦을 필요가 있겠는가?"

원효는 자기가 깨달은 바를 의상에게 말했습니다.

"나는 신라로 되돌아가겠네."

결국 원효는 의상과 헤어져 신라로 돌아왔습니다. 그리고 자기가 깨달은 바를 백성들에게 가르치며 불교를 널리 알렸습니다.

※ 요석 공주와 결혼하다

어느 날 원효는 거리로 나가 큰 소리로 노래를 부르며 돌아다녔습니다.

누가 나에게 자루 없는 도끼를 빌려 주려나.

나는 하늘을 떠받칠 기둥을 다듬고 싶소.

사람들은 원효의 노래가 무슨 뜻을 담고 있는지 몰랐습니다.

"원효 대사께서 이상한 노래를 부르며 거리를 돌아다니시다니, 이게 무슨 일인가?"

"글쎄, 정말 이상한 일일세."

"그런데 저 노래가 무슨 뜻인지 알겠나?"

"우리 같은 백성들이 그 깊은 뜻을 어찌 알겠소?"

이 소식은 궁궐에까지 알려졌습니다.

신하들은 원효의 노래를 듣고 태종 무열왕에게 알렸습니다.

"지금 원효 대사께서 노래를 부르며 거리를 돌아다니신다고 합니다."

"노래라고? 무슨 노래냐?"

태종 무열왕은 노래를 듣자 곧 그 뜻을 알아차렸습니다.

"원효 대사께서는 귀한 부인을 아내로 얻어 훌륭한 아들을 낳고 싶은 게야. 나라에 어진 사람이 있으면 그보다 더 이로울 것이 없지."

태종 무열왕은 한동안 골똘히 생각에 잠겼습니다.

그 무렵에 요석궁에는 남편을 잃고 혼자 사는 공주가 있었습니다. 태종 무열왕은 그 공주와 원효를 짝지어 주면 되겠다고 생각했습니다.

"자루 없는 도끼란 요석궁에서 홀로 사는 공주를 뜻하는 게 틀림없어. 원효 대사는 자기가 그 도끼의 자루가 되어 하늘을 떠받칠 기둥을 다듬겠다고 한 거야. 그러니까 결국 요석궁의 공주와 원효 대사가 짝이 되면, 그 사이에서 반드시 하늘을 떠받칠 기둥과 같은 인물이 태어난다는 뜻이야."

태종 무열왕은 곧 신하를 불러 명령을 내렸습니다.

"원효 대사를 요석궁으로 모셔 오너라."

원효는 이미 태종 무열왕이 노래의 뜻을 헤아리고 사람을 보내 올 것을 알고 있었습니다.

원효는 '문천교'라는 다리 위를 거닐며 궁궐에서 신하가 오기를 기다렸습니다. 이윽고 태종 무열왕의 명령을 받은 신하가 나타났습니다. 원효는 그 때를 기다리고 있다가 일부러 물속으로 뛰어들었습니다.

"대사님, 다친 데는 없으십니까?"

"어서 저희들 손을 잡고 나오십시오."

신하들은 서둘러 원효를 다리 위로 끌어올렸습니다.

"임금님께서 대사님을 요석궁으로 모시라고 하셨습니다. 어서 가시지요."

신하들은 물에 흠뻑 젖은 원효를 요석궁으로 데려갔습니다.

원효는 옷이 다 마를 때까지 요석궁에 머물렀습니다.

그 뒤 공주는 열 달이 지나 아이를 낳았습니다. 그 아이가 바로 설총입니다.

설총은 아버지인 원효를 닮아 어릴 때부터 더없이 총명하고 재주가 뛰어났습니다.

설총은 어린 나이에 벌써 경서와 역사책 등을 읽었고, 부지런히 학문을 익혔습니다. 뒷날 설총은 신라를 통틀어 열 손가락 안에 꼽히는 뛰어난 학자가 되었습니다. 향가에 쓰인 이두라는 문자도 설총이 정리하여 완성했습니다.

원효는 불교의 율법을 어기고 설총을 낳은 뒤부터는 스님들의 옷을 입지 않았습니다. 그러고는 온 나라 안을 돌아다니며 불교를 널리 알리는 데 힘썼습니다.

특히 원효는 불교의 이치를 알기 쉬운 노래로 지어 백성들에게 가르쳐 주었습니다. 원효의 가르침 덕분에 많은 백성들이 부처님의 가르침을 알게 되었습니다.

원효는 불교의 가르침을 정리하여 이론을 세운 것으로도 유명합니다.

원효는 이처럼 불교를 널리 알린 신라의 위대한 스님입니다.

나라를 구한
의상

그 때 김인문은 당나라 황제가 군사를 일으켜 신라를 치려고 한다는 것을 의상에게 알려 주었습니다. 신라로 돌아온 의상은 문무왕에게 당나라가 전쟁을 일으킬 준비를 하고 있다는 것을 알렸습니다.

❈ 당나라로 가다

신라 때 스님인 의상은 29세에 황복사에서 스님이 되었습니다.

의상은 스님이 된 지 얼마 지나지 않아 원효와 함께 불도를 닦으러 당나라로 향했습니다.

의상과 원효는 먼 길을 걸어 요동에 도착했는데, 국경을 지키는 고구려 병사들에게 붙잡히고 말았습니다. 고구려 병사들은 두 스님을 신라의 첩자로 몰아서 가두었습니다.

"우리들은 신라의 중으로 불도를 닦기 위해 당나라로 가는 길이오."

"거짓말 마라. 당나라로 간다고 하면서 고구려를 살피려는 거지?"

고구려 병사들은 의상과 원효의 말을 믿지 않았습니다.

하지만 의상과 원효는 수십 일 만에 다행히 그 곳에서 빠져 나올 수가 있었습니다. 두 스님은 결국 뜻을 이루지 못한 채 모진 고생만 하고 신라로 돌아왔습니다.

10여 년이 흐른 뒤, 의상과 원효는 다시 당나라에 가려고 채비를 했습니다. 두 스님 모두 불법을 배우려는 마음이 매우 컸기 때문입니다.

"지난번에는 당나라까지 걸어가려다 고구려 병사들에게 붙잡혔으니, 이번에는 배로 가는 게 어떻소?"

"좋소. 바닷길을 이용해 당나라로 갑시다."

의상과 원효는 배를 타고 신라를 떠났습니다. 그런데 당항성에서 원효가 마음을 바꾸었습니다. 원효는 해골에 고인 물을 마시고 깨달음을 얻었던 것입니다.

 원효가 신라로 되돌아가자, 의상은 혼자서 당나라로 향했습니다. 마침 신라에 사신으로 왔다가 돌아가는 당나라 사람들의 배가 있어서 그것을 타고 당나라에 들어갔습니다.

 의상이 당나라에 도착해 맨 처음 머문 곳은 양주였습니다. 양주의 장군은 의상을 정성껏 대접했습니다. 하지만 의상은 그곳에 오래 머무르지 않고 불도를 닦기 위해 길을 떠났습니다.

지엄에게 배우다

 의상은 종남산에 있는 지상사로 지엄을 찾아갔습니다. 지엄은 당나라의 이름 높은 스님이었습니다.

 "스님 밑에서 부처님의 한없이 깊고 넓은 가르침을 배우고자 찾아왔습니다."

 의상이 인사를 하자, 지엄이 조용히 입을 열었습니다.

 "그렇지 않아도 그대가 찾아올 줄 알았소."

"그걸 어떻게 아셨습니까?"

"어젯밤에 꿈을 꾸었소."

지엄은 꿈 이야기를 털어놓았습니다.

"꿈에 해동(발해의 동쪽이라는 뜻으로, 예전에 우리나라를 이르던 말)에서 큰 나무가 한 그루 나타나더니 가지와 잎이 무성하게 퍼지기 시작했소. 그러더니 순식간에 당나라까지 뒤덮었다오. 나무 위에 올라가 보았더니 봉황의 보금자리가 있었는데, 그 안에는 커다란 마니보주(구슬 모양의 보배)가 하나 담겨 있었소. 그리고 그 마니보주에서 나오는 찬란한 빛이 한없이 먼 곳까지 비추었소. 꿈이 하도 이상해서 안팎을 깨끗이 청소하고 이렇게 기다리는 중이오."

지엄은 의상을 깍듯이 대접하며 말했습니다.

"어젯밤 꿈은 그대가 나를 찾아올 징조였소."

그 날부터 의상은 지엄의 제자가 되어 불법을 닦는 데 온 힘을 쏟았습니다.

의상은 몇 년 동안 산 속에 묻혀 불도를 닦는 일에만 매달렸습니다. 그러던 어느 날 지엄이 의상을 불렀습니다.

"청색은 남색에서 얻지만, 오히려 남색보다 훨씬 더 색이 또렷하오. 스승인 내가 이제는 제자인 그대의 실력에 미치지 못하게 되었으니, 마치 남색이 청색을 이기지 못함과 무엇이 다르리오."

지엄은 의상에게 이제 더 이상 가르칠 것이 없다며 자기 곁을 떠나라고 했습니다. 의상은 지엄에게 작별 인사를 하고 산을 내려왔습니다.

나라를 구하러 돌아오다

종남산에서 내려온 의상은 당나라에 붙잡혀 있던 신라의 재상 김인문을 만날 기회가 있었습니다.

그 때 김인문은 당나라 황제가 군사를 일으켜 신라를 치려고 한다는 것을 의상에게 알려 주었습니다.

"법사께서는 하루라도 빨리 신라로 돌아가서 임금님께 당나라 황제의 계획을 알려야 합니다."

이 말을 들은 의상은 급히 당나라를 빠져 나와 밤낮으로 길을 재촉했습니다.

신라로 돌아온 의상은 문무왕에게 당나라가 전쟁을 일으킬 준비를 하고 있다는 것을 알렸습니다.

문무왕은 이름 높은 스님인 명랑을 불러 명령을 내렸습니다.

"당나라 황제가 우리나라를 치기 위해 군사를 일으킬 준비를 한다고 하오. 그러니 그대는 도술로 기도를 하여 나라가 위기에 빠지지 않도록 하시오."

명랑은 곧 나라를 위해 열심히 기도했습니다. 그 덕분에 신라는 당나라 군사들을 물리칠 수 있었습니다.

그 뒤 의상은 불교의 가르침을 널리 전하며, 훌륭한 제자들을 많이 길러 냈습니다.

《도솔가》를 지은
월명

월명은 꽃을 뿌리면서 자기가 지은 향가인 《도솔가》를 읊었습니다. 노래가 끝나자 신기하게도 하늘에는 해가 하나만 남게 되었습니다.

❋ 하늘에 해가 둘이 뜨다

신라 경덕왕 19년(760) 4월 1일, 하늘에 해가 둘이나 뜨는 이상한 일이 일어났습니다. 나란히 떠오른 해는 열흘이 지나도 사라지지 않았습니다.

경덕왕은 일관을 불러서 그 까닭을 물었습니다.

"오늘부터 임금님께서는 인연이 닿는 스님이 있는지 잘 살펴보십시오. 만일 그런 스님이 있으면 당장 불러들여 그 스님에게 꽃을 뿌리며 불공을 올리게 하면 하늘의 재앙에서 벗어

날 수가 있을 것입니다."

일관이 경덕왕에게 말했습니다.

경덕왕은 즉시 기도를 올릴 수 있는 깨끗한 단을 만들고, 그 옆에 있는 누각에 올라갔습니다. 그러고는 자기와 인연이 닿는 스님을 기다렸습니다.

그 때, 한 스님이 누각 남쪽 밭둑길을 지나갔습니다.

경덕왕은 신하들에게 서둘러 명령을 내렸습니다.

"저기 가는 스님을 모셔 오너라."

신하들은 쏜살같이 달려가서 그 스님을 데리고 왔습니다.

"그대는 이름이 무엇인가?"

경덕왕이 그 스님을 바라보며 물었습니다.

"월명이라고 합니다."

"그대도 십여 일 전부터 하늘에 해가 둘이나 떠 있는 것을 알고 있을 것이다."

"예, 알고 있습니다."

월명은 공손히 대답했습니다. 그러자 경덕왕은 일관이 한 말을 전해 주었습니다.

"그대는 어서 글을 지어 불공을 올리도록 하라."

경덕왕의 말에 월명은 조심스레 대답했습니다.

"저는 아직 깨달음이 부족하여 글을 지어 불공을 드릴 처지가 못 됩니다. 저는 다만 향가를 지을 수 있을 뿐입니다."

경덕왕은 월명의 이야기를 듣고 말했습니다.

"그대는 오늘 나와 인연이 있는 스님으로 선택되었다. 그러니 향가라도 지어 꽃을 뿌리며 불공을 올리도록 하라."

❈ 향가를 짓다

월명은 경덕왕의 명령을 더 이상 거스를 수가 없었습니다.

"그럼 부족하지만 제가 향가를 지어 불공을 드리겠습니다."

월명은 곧 향가를 한 수 지었습니다. 그리고 꽃을 뿌리기 시작했습니다.

이처럼 꽃을 뿌리면서 불공을 드리는 것을 '산화공덕'이라고 합니다. 꽃을 뿌리는 것은 그 꽃에 부처님이 와서 앉으시기 때문입니다. 또한 귀신은 꽃의 향기와 아름다운 빛깔을 싫어하기 때문에 악귀를 물리치기 위한 것이기도 합니다.

월명은 꽃을 뿌리면서 자기가 지은 향가인 《도솔가》를 읊었습니다.

오늘 꽃을 뿌리며 노래 부르니

꽃아, 너는

그 굳은 마음을 헤아려

멀리 도솔천에 계신 미륵보살님을 모실지어다.

노래가 끝나자 신기하게도 하늘에는 해가 하나만 남게 되었습니다.

경덕왕은 월명의 재주를 칭찬하며 좋은 차 한 통과 수정으로 만든 염주 108개를 내렸습니다.

그 때, 차림새가 말쑥한 동자가 나타나더니 차와 염주를 받아 가지고 사라졌습니다.

"저 동자가 누구냐?"

경덕왕의 물음에 월명이 대답했습니다.

"저도 모르는 동자입니다."

경덕왕은 이상히 여겨 신하에게 그 동자의 뒤를 밟게 했습니다.

신하가 따라가 보니, 동자는 안뜰의 탑 속으로 사라졌습니다. 차와 염주는 남쪽 벽에 그려진 미륵보살상 앞에 놓여 있었습니다.

"월명의 지극한 정성에 부처님께서 감동하신 것이로구나."

그 뒤 궁궐에서는 물론, 백성들도 월명을 모르는 사람이 없었습니다. 경덕왕은 월명을 더욱더 공경하여 다시 비단 100필을 주었습니다.

월명은 이 일이 있기 오래 전에도, 죽은 누이동생을 위해 재를 지낸 일이 있었습니다.

그 때도 향가를 한 수 지어 읊었습니다. 그러자 갑자기 거센 바람이 일어 종이돈을 서쪽으로 날려 보냈습니다. 바람이 종이돈을 날린 것은 월명의 누이동생이 극락에 가는 데 드는 노자(먼 길을 가는 데 드는 돈)를 만들어 주기 위한 것이었습니다.

이처럼 월명이 지은 향가는 온갖 신들과 귀신까지 감동시키는 힘이 있었습니다.

월명이 지은 이 향가는 《제망매가》라고 하는데, 누이동생을 그리는 애절한 마음이 담겨 있습니다.

삶과 죽음의 갈림길이 두려워
'나는 가오.'라는 한 마디도
다 말하지 못하고 갔느냐.

> 어느 가을 이른 바람에
>
> 여기저기 떨어지는 잎처럼
>
> 같은 가지에서 피어났으되
>
> 서로 가는 곳을 모르는구나.
>
> 아, 극락 세계에서 너를 만나기 위해
>
> 나는 도를 닦으며 기다리련다.

월명은 향가를 잘 짓기도 했지만, 피리도 아주 잘 불었습니다.

어느 달밤에 월명이 피리를 불며 지나가니, 달이 그 소리에 취해 멈추었다는 이야기도 전하고 있습니다. 그 때부터 그 곳은 '월명리'라는 이름으로 불렸다고 합니다.

어린이 삼국유사 3

1판 1쇄 인쇄 | 2007. 3. 26
1판 16쇄 발행 | 2020. 12. 11

어린이 삼국유사 편찬위원회 글 | 한창수 그림
한국역사연구회 추천 및 감수

발행처 김영사 | **발행인** 고세규
등록번호 제 406-2003-036호
등록일자 1979. 5. 17.
주소 경기도 파주시 문발로 197(우10881)
전화 마케팅부 031-955-3100 편집부 031-955-3113~20
팩스 031-955-3111

ⓒ 2007 김영사
이 책의 저작권은 김영사에게 있습니다.
서면에 의한 김영사의 허락 없이 내용의 일부를 인용하거나 발췌하는 것을 금합니다.

값은 표지에 있습니다.
ISBN 978-89-349-2269-8 74900

좋은 독자가 좋은 책을 만듭니다.
김영사는 독자 여러분의 의견에 항상 귀 기울이고 있습니다.
전자우편 book@gimmyoung.com | 홈페이지 www.gimmyoungjr.com

어린이제품 안전특별법에 의한 표시사항
제품명 도서 제조년월일 2020년 12월 11일 제조사명 김영사 주소 10881 경기도 파주시 문발로 197
전화번호 031-955-3100 제조국명 대한민국 ⚠ 주의 책 모서리에 찍히거나 책장에 베이지 않게 조심하세요.